3 Wochen Regen – 21 kreative Spielideen für drinnen

Inhaltsverzeichnis

3 Wochen Regen – 21 kreative Spielideen für drinnen

Vorwort

Es ist Sonntagmorgen, 7 Uhr. Das Frühstück neigt sich dem Ende. „Mama, was machen wir heute?" Oh nein! Erstens: Es ist erst 7 Uhr morgens. Zweitens: Diese Frage wird nun in Dauerschleife gestellt, wenn wir keine passable Antwort liefern. Und Drittens: Es ist ein regelrechtes Mistwetter! Draußen regnet es schon seit den frühen Morgenstunden. Es scheint dieser Regen zu sein, der sich hartnäckig durch den ganzen Tag ziehen wird. Die WetterApp liefert leider auch keinen Hoffnungsschimmer. Am Frühstückstisch sitzen meine 3 Kinder, Mara (6 Jahre), Ben (4 Jahr) und Nele (1 Jahr). Mein Mann und ich schauen uns fragend an und unsere Kinder schauen uns mit großen Augen erwartungsvoll an.

Und nun? Guter Rat ist jetzt teuer... Mein Mann schlägt unserem Mittleren, der am ungeduldigsten von allen ist, vor, dass er mal wieder einen richtig hohen Turm bauen könnte oder mit dem Piratenschiff spielen könnte, welches er vor kurzem geschenkt bekommen hat. „Au ja, Papa, gehen wir gleich in mein Zimmer?" „Schatz, das kannst du doch auch alleine machen. Ich möchte noch gemütlich meinen Kaffee trinken." „Alleine spielen ist aber langweilig. Ich will mit dir spielen!" Eigentlich eine tolle Idee, aber sind wir mal ehrlich: nach 100

Türmen und zig Stunden Piraten spielen, haben wir einfach keinen Lust mehr dazu. Trotzdem wollen die Kinder den ganzen Tag beschäftigt werden. Und der Tag ist lange. Sehr lange. Bei Regen sogar noch viel länger.

An einem solchen Tage kam mir die Idee, mal was ganz anderes auszuprobieren und ich wurde kreativ. Das Beste daran: es hat mir Spaß gemacht, mir die Spiele auszudenken und noch viel mehr Freude hatte ich daran, zu sehen, welchen Spaß meine Kinder und wir als Familie dabei hatten. Selbst unsere Jüngste, die nur bei einigen Spielen kräftig mitmischen konnte, hatte ihre Freude und hat das Geschehen oft mit großen Augen begeistert bestaunt. Mit der Zeit wurden meine Kinder ebenfalls kreativ und haben selbst neue Spiele vorgeschlagen. Die Ideen haben Ihren Ursprung teilweise in ehemaligen Krabbelgruppen, in der eigenen Kindheit, im Gespräch mit Freunden oder wurden aus ehemaligen Partyspielen abgewandelt. So entstanden diese 21 kreativen Spielideen für drinnen.

In diesem Buch möchte ich Ihnen 21 kreative Spielideen für die Regentage an die Hand geben, damit Sie stets einen „Ideenkoffer“ zur Hand haben, der es Ihnen ermöglicht, auch die nicht so sonnigen

Tage mit Ihren Kindern effektiv zu gestalten. Die Spielideen werden unterteilt Variante 1, für 3-5 Jährige und Variante 2, für 6-8 Jährige Kinder. Also für jeden ist etwas dabei!

Beim ersten Spiel können Sie selbst aus dem „Aufbau“ ein Spiel machen. Ich bin gespannt, welche Ideen Sie selbst entwickeln.

Ich wünsche Ihnen mit Ihren Kindern und als Familie viel Spaß und vor allem Kreativität und Freude!

Ihre Britta Kohl

Was ist Spielen?

Spielen verliert in der heutigen Gesellschaft immer mehr an Wert. Viele Menschen sehen es als Zeitverschwendung an und genügend fordern mehr Bildungsangebote für die Kinder.
Kinder sollen fürs Leben lernen und auf die Schule vorbereitet werden, anstatt sinnlos zu Spielen.

Aber was genau bedeutet das Spiel für unsere Kinder? Ist es sinnlose Zeitverschwendung?
Nein!
Das kindliche Spiel hat weder etwas mit sinnloser Zeitverschwendung, noch mit einer Tätigkeit aus der Laune heraus zu tun. Es ist für Kinder unverzichtbar und notwendig!
Das Spiel ist sozusagen der Hauptberuf jedes Kindes, das dadurch die Welt um sich herum, Situationen, Erlebnisse und Beobachtungen, lernt zu begreifen!
Spielen dient zur Persönlichkeitsentwicklung eines jeden Kindes und ist ein Nährboden für einen darauf aufbauenden Erwerb von notwendigen schulischen und auch beruflichen Tätigkeiten. Alles was Kinder sehen, hören, fühlen, schmecken und auch begreifen, entsteht durch das kindliche Spiel.

Albert Einstein sagte einst, dass er nicht besonders begabt sei oder in irgendwelcher Art und Weise vorschulisch gefördert wurde. Allerdings war er stets besonders neugierig.
Heute weiß man, dass Neugierde die Voraussetzung zum Lernen ist.
Der Entwicklungspsychologe Piaget sagte:
"Alles, was wir die Kinder lehren, können sie nicht mehr selbst entdecken und damit wirklich lernen."
Spiele werden nicht auf Tischen gespielt, sondern geschehen dort, wo das Leben pulsiert:
In spannenden Höhlen und Löchern, auf Bäumen, in selbst gebauten Hütten, im Wald und auf Wiesen, in Büschen, beim Hämmern und Sägen, Laufen und Buddeln, Schätze entdecken, und geheimnisvollen Erkundungen. Dort spielt sich das wirkliche Leben ab. Und nur dort, können Kinder durch begreifen lernen! Das Spiel ist der Weg der Kinder zur Erkenntnis der Welt, in der sie leben!

Spielen ist unverzichtbar für die kindliche Entwicklung! Wer spielt, kann sich ausprobieren und erweitert seinen Erfahrungsraum.
Für Kinder gibt es keine bessere Möglichkeit der Förderung, als Ihnen genügend Zeit und Raum zum Spielen zu geben.

Kinder lernen durch spielen. Sie suchen sich Anregungen, die sie gerade brauchen, finden raus wie Dinge funktionieren, welchen Sinn diese haben und wozu man sie braucht und lernen die Welt kennen.
Sie machen sich vertraut mit alltäglichen Gegenständen, worin sich diese unterscheiden und können somit eine bessere Vorstellung entwickeln. Spielend erweitern sie ihre motorischen Fähigkeiten, lernen neue hinzu und können ihre Finger immer geschickter gebrauchen.

Beobachtet man Kinder im Spiel, sieht man, dass sie dies voller Hingabe und höchst konzentriert tun! Dies zeigt, wie viel Arbeit „spielen" eigentlich ist. Verschiedenste Entwicklungsbereiche werden im Spiel gefördert und gefordert, sodass grundlegende Fähigkeiten, Fertigkeiten und Kenntnisse erlangt werden können.

1. Dosen Memory

Sie benötigen für dieses Spiel:

- 8 – 12 Dosen (Plastik oder Metall)
- 4 – 6 verschiedene Dinge zum Befüllen (zum Beispiel Reis, Steine, Federn...)
- einen Deckel zum Verschließen der Dosen
- aufmerksame Ohren

Variante 1:

Befüllen Sie jeweils zwei Dosen mit dem gleichen Inhalt. Mischen Sie diese gut durch und stellen Sie nebeneinander hin. Die Kinder dürfen nun jeweils zwei Dosen aussuchen und reinschauen, ob sie ein Paar gefunden haben. Ist der Inhalt gleich, dürfen die Dosen behalten werden und das Kind ist nochmal dran. Gewinner ist derjenige, der am Ende die meisten Paare gefunden hat.

Variante 2:

Die Dosen werden wie in Variante 1 befüllt, gemischt und durcheinander hingestellt. Die Kinder wählen nun 2 Dosen aus und schütteln diese. Sie müssen am Geräusch erkennen, welcher Inhalt gleich ist. Liegen Sie richtig, dürfen sie die Dosen behalten und sind nochmal dran.

Wichtig:

3-5 Jährige haben noch nicht die Komplexität des logischen Denkens und brauchen Struktur, weswegen die Dosen nebeneinander gestellt werden sollten. Ältere Kinder verfügen bereits über die Verknüpfung im Gehirn und können die Dosen durcheinander stellen.

2. Was fehlt?

Sie benötigen für dieses Spiel:

- verschiedene Gegenstände (5 – 10)
- einen Tisch
- neugierige Kinder

Variante 1:

Legen Sie 2-3 Gegenstände auf den Tisch, die Ihr Kind sich merken soll. Nun muss es sich umdrehen! Während es wegschaut, legen Sie einen Gegenstand hinzu. Ihr Kind muss nun erraten, welcher Gegenstand hinzugekommen ist. Dann wird gewechselt!

Variante 2:

Für die älteren wird es etwas schwieriger! Legen Sie bis zu 10 Gegenstände auf den Tisch, die sich das Kind merken muss. Nun muss es sich umdrehen! Sie nehmen jetzt 2 Gegenstände weg. Welche fehlen? Dann wird gewechselt!

3. Raketen starten

Sie benötigen:

- Luftballons (jedes Kind einen)
- viel Aufmerksamkeit und schnelle Reaktion

Variante 1:

Pusten Sie einen Luftballon auf. Binden Sie ihn nicht zu! Zählen Sie gemeinsam mit Ihren Kleinsten von 5 runter und lassen Sie ihn fliegen. Ihr Kind muss nun versuchen, dass der Luftballon ihn nicht berührt beim fliegen!

Variante 2:

Die Großen schaffen das schon alleine! Also ran ans aufpusten und dann von 10 runter zählen. Aber Achtung! Die Ballons müssen nun gefangen werden, während sie wild durchs Zimmer fliegen! Wer schafft es?

4. Mehlhaufen

Sie benötigen:

- ein Päckchen Mehl
- ein Bonbon
- kleine Löffel (für jeden Mitspieler einen)
- stumpfe kleine Messer

Variante 1:

Schütten Sie das Mehl zu einem Haufen auf den Tisch. Legen Sie das Bonbon oben drauf. Die Kinder müssen nun abwechselnd mit dem Löffel etwas Mehl weg schippen, ohne dass das Bonbon runterfällt. Wenn es fällt, muss der Berg neu aufgefüllt werden.

Variante 2:

Die Variante ist etwas kniffeliger! Auch hier wird das Mehl auf einen Haufen geschüttet. Oben liegt das Bonbon. Mit dem Messer muss nun jeweils ein „Stück des Berges“ abgeschnitten werden. Bei wem das Bonbon fällt, der muss es mit dem Mund aus dem Mehl fischen. Dadurch entstehen lustige Mehlgesichter!

5. Wattebauschrennen

Sie benötigen für dieses atemberaubende Spiel:

- einen langen Atem (!)
- Strohhalme (pro Mitspieler einen)
- Wattebausch (für jeden Spieler einen)
- einen langen Tisch oder den Fußboden
- eine Markierung fürs Ziel

Variante 1:

Jedes Kind bekommt einen Wattebausch und legt diesen vor sich hin. Nach dem Startsignal müssen die Kinder den Wattebausch über die Ziellinie pusten!
Wer als erstes die Linie überquert hat gewonnen!

Variante 2:

Nun kommen die Strohhalme an die Reihe. Auch hier wird gepustet, aber durch den Strohhalm!
Mal sehen wer den längsten Atem hat!
Der erste, der über die Ziellinie pustet hat gewonnen. Los geht's!

6. Ohren auf!

Sie benötigen:

- eine lustige Geschichte über einen Löffel (siehe Bonusmaterial ;-)
- einen Löffel
- Kinder mit gespitzten Ohren

Variante 1:

In diesem Spiel geht es darum, aufmerksam zu sein und das Wort Löffel raus zu hören. Die Kinder bekommen einen Löffel in die Hand und müssen immer, wenn sie dieses Wort in der Geschichte hören, mit dem Löffel auf den Tisch klopfen.
Wer hört am besten zu?

Variante 2:

Für die älteren Kinder kann man zwei Gegenstände nehmen und noch ein anderes Wort festlegen, was raus gehört werden muss. Die Gegenstände werden in die Mitte des Tisches gelegt. Jedes Mal wenn eines der Gegenstände genannt wird, muss man nach diesem greifen. Wer schafft es zuerst dran zu sein?

7. Murmel Jongleur

Werden Sie kreativ!

Sie benötigen für dieses Spiel:

- einen Schuhkarton pro Kind (mit Deckel)
- eine Schere
- Murmeln
- Stifte
- ggf. Pappe

Variante 1:

Legen Sie den Deckel umgedreht auf den Karton. Schneiden Sie ein kleines Loch an den Rand des Deckels, wo die Kugel drauf liegen bleibt, aber nicht durchfällt. Am anderen Ende schneiden Sie ein größeres Loch, wo die Murmel durchfallen kann. Nun muss diese von der einen Seite zur anderen geführt werden, indem man den Karton leicht kippt. Wer schafft es als erster die Kugel in das Loch zu jonglieren?

Variante 2:

Ähnlich wie oben schneiden Sie beide Löcher in den Deckel des Schuhkartons. Nun malen Sie aber noch eine Strecke auf, die mit der Murmel zurückgelegt werden muss. Bei älteren Kindern kann man mit etwas Pappe noch kleine Mauern oder „Wegsperren“ einkleben. Gar nicht mal so einfach die Murmel ins Loch zu bewegen oder?

8. Bunter Fisch

Sie benötigen:

- ein Blatt Papier für jedes Kind
- Buntstifte
- einen Zahlenwürfel
- einen Farbenwürfel

Variante 1:

Malen Sie einen großen Fisch auf das Blatt Papier und in jede Schuppe, eine beliebige Zahl (oder Punkte des Würfels). Nun darf das Kind mit dem Zahlenwürfel würfeln. Die Schuppen, die die gleiche Anzahl an Punkten haben wie der Würfel dürfen nun ausgemalt werden. Am Ende entsteht ein wunderschöner bunter Fisch.

Variante 2:

Auch hier wird für jedes Kind ein Blatt Papier genommen und ein Fisch mit Schuppen drauf gemalt. Jede Schuppe bekommt nun eine Zahl. Wer dran ist, würfelt erst mit dem Zahlen- und danach mit dem Farbenwürfel. Jede Schuppe mit der Zahl auf dem Würfel muss jetzt mit der gewürfelten Farbe ausgemalt werden. Welche Farben hat der Fisch am Ende?

9. Zeitungstanzen

Ein Klassiker der bei jedem Regenwetter Spaß macht!

Sie benötigen hierfür:

- Zeitungen (pro Kind eine große)
- Rhythmusgefühl
- Musik

Variante 1:

Jedes Kind bekommt eine Zeitung und legt diese auf den Boden. Wenn die Musik angeht muss das Kind auf der Zeitung tanzen, ohne den Boden zu berühren. Nach jeder Runde wird die Zeitung kleiner gefaltet. Zum Schluss dürfen die Zeitungen zusammen geknuddelt werden und eine Zeitungsschlacht gemacht werden.

Variante 2:

Bei älteren Kindern wird der Schwierigkeitsgrad erhöht! Diese müssen nämlich versuchen zu zweit auf einer Zeitung zu tanzen. Auch hier wird

nach jeder Runde die Zeitung kleiner gefaltet.
Wer als erster den Boden berührt hat verloren!
Also Hüften schwingen und die Balance halten!

10. Der fleißige Angler

Hier ist Geschicklichkeit gefragt!

Sie benötigen:

- eine lange Schnur pro Kind
- Stifte
- eine gute Hand Augen Koordination

Variante 1:

Die Kleinen bekommen eine lange Schnur, an deren Ende ein Stift festgebunden ist. Beim Startsignal müssen sie nun versuchen die Schnur so schnell es geht an sich zu ziehen, sodass sie den Stift greifen können. Wer es als erster schafft, hat gewonnen und darf ein tolles Bild mit dem Stift malen.

Variante 2:

Hier ist Geschick gefragt! Bei der schwierigeren Variante wird an beide Enden der Schnur ein Stift befestigt. Der eine wird festgehalten. Beim Startsignal müssen die Kinder die Schnur nun so schnell auf den Stift wickeln, dass das andere Ende immer näher kommt. Wer es als erster schafft, hat gewonnen!

11. Knopf Weitwurf

Sie benötigen für dieses Spiel:

- Knöpfe in verschiedenen Farben
- eine Wand oder eine Linie auf dem Boden
- Kinder mit Wurfgeschick

Variante 1:

Die Kleinen bekommen jeweils 5 Knöpfe und müssen versuchen, diese so nah es geht an die Wand oder die Linie auf dem Boden zu werfen. Wer die meisten Knöpfe näher an der Wand oder der Linie hat, hat gewonnen und darf in der nächsten Runde anfangen!

Variante 2:

Ältere Kinder bekommen jeweils 6 Knöpfe. Ein Knopf wird an die Wand oder die Linie gelegt. Nun muss versucht werden, die Knöpfe so nah wie möglich an den liegenden Knopf zu befördern. Wer schafft es vielleicht sogar den Knopf zu berühren?

12. Kreatives Kegeln

Ganz einfach selbst herzustellen!

Sie benötigen:

- einen kleinen Ball
- 9 „Kegel“ (Stofftiere, leere Getränkeflaschen oder auch kleine Bauklötze)

Variante 1:

Für die Kleinsten unter uns werden Stofftiere oder andere große Gegenstände als Kegel genutzt. Aus einer kleinen Entfernung muss nun versucht werden, die Tiere umzuschmeißen.

Variante 2:

Die älteren müssen schon etwas mehr Zielsicherheit zeigen.
Nehmen Sie kleine Bausteine oder ähnliches und stellen Sie diese etwas weiter entfernt auf. Nun müssen die Kinder versuchen diese mit nur drei Würfen um zu kegeln! Wer schafft am schnellsten alle Neune?

13. Mini Architekten

Mal etwas anderes aber für die Kleinen sehr interessant!

Sie benötigen:

- Knete
- Zahnstocher oder Holz Stäbchen

Variante 1:

Rollen Sie aus der Knete Kugeln in verschiedenen Größen. Lassen Sie Ihre Kleinsten diese Kugeln nun mit den Zahnstochern oder Holzstäbchen auf piksen! Sie werden staunen wie viele kreative Ideen Ihre Kinder dabei entwickeln!

Variante 2:

Nun dürfen die Mini Architekten ran. Formen Sie kleine Kugeln aus der Knete und lassen Sie Ihre Kinder die Kugeln mit den Stäbchen so verbinden, dass Gebäude oder Kunstwerke daraus entstehen!

14. Zangen Akrobatik

Nun geht's an die Feinmotorik. Bereits die Jüngsten können hier schon für später üben!

Sie benötigen für diese Aktivität:

- Eine Zange (aus der Küche)
- einen Eierkarton
- verschiedene große und kleine Gegenstände, die mit der Zange zu greifen sind

Variante 1:

Stellen Sie den Eierkarton offen hin und legen Sie verschiedene Gegenstände daneben. Die Kleinen müssen nun versuchen mit der Zange (oder ihren Händen) die Gegenstände in die Kulen des Kartons zu sortieren.

Variante 2:

Ältere Kinder können hier mit Kastanien oder auch kleinen Perlen arbeiten. Mit der Zange wird versucht jede Kule des Eierkartons zu befüllen. Wie viele Kastanien landen auf dem Boden? Konzentration ist hier gefragt!

15. Fangbecher

Lustiges Spiel, was man auch alleine spielen kann!

Sie benötigen:

- Plastik- oder Pappbecher (Alternativ auch eine leere Klopapierrolle)
- eine Schnur
- eine Kugel oder ein Knopf

Variante 1:

Befestigen Sie die Schnur am Boden des Bechers und binden Sie an das andere Ende eine große Kugel.
Achten Sie darauf, dass die Schnur lang genug ist und die Kugel in den Becher fliegen kann. Mit Schwung muss nun versucht werden, die Kugel in den Becher zu katapultieren!

Variante 2:

Nun wird es schwieriger! Die Kugel oder auch ein Knopf wird kleiner. Die Schnur wird etwas kürzer!

Wer schafft es die Kugel in den Becher zu schleudern? Um den Schwierigkeitsgrad nochmal zu erhöhen, kann man auch zwei Schnüre mit Kugel am Boden befestigen und versuchen beide gleichzeitig in den Becher zu katapultieren.
Wer es am schnellsten schafft hat gewonnen!

16. Stempel Bilder

Warum nicht einfach mal etwas entspannteres?

Sie benötigen:

- Fingermalfarben
- leere PET Flaschen
- Korken oder Schwämme
- Papier oder alte Tapete

Variante 1:

Die Kleinen können sich die Fingerfarbe auf die Hände malen und damit lustige Handabdrücke auf das Papier bringen. Vielleicht haben Sie auch einfach Lust sich damit einzucremen? Lassen Sie dies ruhig zu! Die Badewanne ist nicht weit und Kinder machen wertvolle Sinneserfahrungen dadurch!

Variante 2:

Ältere Kinder können mit Korken oder auch Schwämmen tolle Stempel Bilder erstellen. Auf einer langen alten Tapete, kann man auch ein

Gemeinschaftsbild erstellen! Gut eignen sich auch PET Flaschen! Wenn man den Boden mit Fingerfarben bemalt, kann man damit wunderschöne Blumenmuster drucken. Probieren Sie es mal aus!

17. Handpuppen gestalten

Hier bedarf es etwas mehr Hilfe durch Mama oder Papa!

Sie benötigen:

- eine alte Socke
- Papier
- Schere und Kleber
- Stifte

Variante 1:

Schneiden Sie mit Ihrem Kind gemeinsam Augen und vielleicht auch einen Mund aus (je nachdem was es werden soll). Ziehen Sie Ihrem Kind die Socke über die Hand und kleben Sie die Augen und den Rest auf die Socke. Nun kann man sich eine lustige Geschichte ausdenken, in dem Das Sockentier die Hauptrolle spielt!

Variante 2:

Ältere Kinder können schon faszinierende Fantasiefiguren selbst herstellen. Lassen Sie den

Kleinen freie Hand und staunen Sie, was für Fabelwesen entstehen. Führen Sie danach ein kleines Puppentheater mit den selbst erstellten Handpuppen auf.

18. Hindernis Parcours

Hört sich spannend an...Ist es auch!

Sie benötigen für einen abwechslungsreichen Hindernislauf:

- Decken
- Luftballons
- Schnüre
- Kartons
- eine Schere
- Wäschekörbe oder große Behälter

Variante 1:

Für die Kleinsten kann es ein Sinnesparcours werden, der keinerlei Wettkampf Atmosphäre schafft. Hängen Sie die Luftballons in den Türrahmen, sodass die Kinder durchgehen können und von ihnen „gestreichelt" werden. Schneiden Sie einen Ein- und Ausgang in einen großen Karton und legen Sie diesen auf den Boden. Alternativ erfüllen auch 2 Stühle die Funktion. Bedecken Sie den Tisch mit einer großen Decke, sodass eine Höhle entsteht und füllen Sie den Wäschekorb mit weichen Tüchern, Socken oder auch einfach Papier. Die Kleinen können nun überall rein oder durchgehen und mit allen Sinnen wahrnehmen.

Variante 2:

Für die größeren kann es da schon etwas schwieriger werden. Bauen Sie aus den Gegenständen einen Hindernisparcours, der so schnell wie möglich durchgelaufen werden muss. Start und Ziel ist an der Luftballontür, dann durch den Karton krabbeln, in den Wäschekorb steigen und wieder raus und dann durch die Höhle zurück zur Luftballontür. Der Parcours kann beliebig erweitert oder verändert werden. Ihre Großen haben da sicherlich tolle Ideen!

19. Das Orchester

Musik gehört zu jedem verregneten Tag dazu, denn sie macht fröhlich. Noch schöner ist, wenn man sie selbst produziert!

Sie benötigen für ein großes Orchester:

- Kronkorken
- Pappe
- Leere PET Flaschen
- eine leere Keksdose aus Metall(z.B. aus der Weihnachtsbäckerei)
- Löffel
- Schnüre
- Perlen

Variante 1:

Mit den Kleinsten kann man ganz einfach Rasseln basteln! Nehmen Sie leere PET Flaschen und befüllen Sie diese mit Reis, kleinen Steinen oder Erbsen und Linsen.
Drehen Sie den Verschluss gut zu und das Rassel Orchester kann losgehen!

Alternativ kann man auch Küchenutensilien gut umfunktionieren. Nehmen Sie Töpfe und Kochlöffel als Trommeln oder einen Schneebesen und eine Rührschüssel, um Geräusche zu erzeugen!

Variante 2:

Mit den älteren Kindern kann man auch etwas kompliziertere Musikinstrumente gestalten! Nehmen Sie einen dicken Streifen Pappe und kleben Sie an beide Enden einen Kronkorken. Knicken Sie die Pappe nun in der Mitte, sodass man die Kronkorken aneinander klopfen kann. In die leere Keksdose bohren Sie mit einer Schere vorsichtig Löcher rein. Ziehen Sie kurze Schnüre durch und befestigen Sie ans Ende eine Perle. Bewegt man die Dose nun schlagen die Perlen dagegen. Werden Sie kreativ oder staunen Sie über die Ideen Ihrer Kinder, womit man noch alles Musik machen kann!

20. Wäscheklammer Blumen

Ganz schnell selbst hergestellt und eine tolle Beschäftigung!

Sie benötigen für wunderschöne Blumen:

- Wäscheklammern (in verschiedenen Farben)
- Pappteller
- Buntstifte oder Fingermalfarben

Variante 1:

Bemalen Sie die Pappteller. Die Kleinen haben eine Riesen Freude daran mit den Händen und der Fingermalfarbe zu matschen. Sind die Teller getrocknet, können die Wäscheklammern nur rundherum dran gesteckt werden. Eine bunte Blume entsteht.

Variante 2:

Bei den Größeren Kindern kann man den Schwierigkeitsgrad etwas erhöhen. Sie dürfen zum Beispiel nur Wäscheklammern in der Farbe nehmen, die der Pappteller hat. Das Sortieren fördert das Farbverständnis und das dran klammern die Feinmotorik. Hier spielt Konzentration auch eine wichtige Rolle. Diese Beschäftigung ist beliebig wandelbar und kann ständig variiert werden!

21. Lass die Sonne aufgehen

Die letzte Spielidee, die ich Ihnen vorstellen möchte soll die Sonne endlich wieder aufgehen lassen! 21 Tage Regen reichen vollkommen aus! Nun wird es Zeit, dass die Kinder die Sonne rausholen!

Was Sie dafür benötigen:

- einen großen Karton
- gelbe Pappe
- gelbe Fingerfarbe
- eine Schere
- gelbe Tücher oder Servietten
- gelbe Strohhalme

Variante 1:

Malen Sie mit Ihren Kleinsten den Karton gelb an. Schneiden Sie aus der gelben Pappe dicke Sonnenstrahlen aus, die Sie am Karton befestigen. Nun schneiden Sie viele kleine Löcher in die Mitte „der Sonne“. Stopfen Sie die gelben Tücher oder Servietten in die Löcher und lassen Sie ein Stück rausgucken. Die Kleinen können nun die Sonne strahlen lassen und die Tücher einzeln rausziehen und hochwerfen. Zum Schluss werden die Tücher für die nächste „Sonnenstrahlen Runde“ wieder reingestopft.

Variante 2:

Ältere Kinder können schon etwas feinmotorischer arbeiten. Sie können Strohhalme durch die Löcher schieben und wieder rausholen. Wie viele Sonnenstrahlen sind es?

Schlusswort

Drei Wochen Regen können echt anstrengend und betrübt sein...
Mit diesen 21 kreativen Spielideen können Sie Ihrem Kind aber ein Strahlen in die Augen zaubern!

Hier ist für Klein und Groß etwas dabei!
Von Wettrennen über Sinnesspiele bis hin zu kreativen Aktivitäten finden Sie in diesem Buch alles, was Kinderaugen zum Strahlen bringt.
Und das Beste daran ist: Jedes Spiel und jede Aktivität ist beliebig wandelbar und kann, je nach Alter, im Schwierigkeitsgrad variieren.

Ganz gleich ob Sie lieber eine ruhige oder wildere Beschäftigung wünschen, in diesem Ideenbuch ist alles dabei.
Viele Spiele benötigen nur wenig Material und Aufwand und können alleine und auch mit mehrerer durchgeführt werden.

Drei Wochen Regen können, besonders für Kinder, sehr lang werden, weshalb es wichtig ist eine sinnvolle Beschäftigung und tolle Anreize zu bieten.
Nutzen Sie dieses Buch als Ideenkoffer und packen

Sie es immer aus, wenn es mal wieder heißt: Zuhause bleiben, weil der Regen draußen wütet.
Werden Sie kreativ oder greifen Sie Ideen Ihrer Kleinsten auf! Manchmal weiß man gar nicht, was sich in der Fantasie der Kinder so alles verbirgt!
Kinder möchten lernen und das geht am besten beim Spielen.
Spielen ist das Grundbedürfnis aller Kinder und für ihre Entwicklung genauso wichtig wie Essen, Trinken und Schlafen.
Im Spiel sammelt es Grunderfahrungen, erlebt Gefühle und kann seiner Fantasie freien Lauf lassen.
Sie als Eltern haben die Aufgabe, Ihr Kind bei diesem wichtigen Entwicklungsschritt zu unterstützen und die nötige Zeit, den nötigen Raum und verschiedene Anreize zu schaffen, damit es sich ganzheitlich entwickeln kann.
Spielen ist der natürliche Weg eines jeden Kindes, sich mit der Welt vertraut zu machen, sie zu begreifen und auf sie einzuwirken. Spielen ist der kindliche Zugang zur Welt.

Das kindliche Spiel fördert die Persönlichkeitsentwicklung, die innere Verarbeitung wird durch Fantasie und eigene Konstruktionen angeregt und Kinder lernen den Umgang mit Komplexität.

Kinder erleben im Spiel Freude und Zufriedenheit. Insbesondere in Verbindung mit Bewegung, wirkt sich Spielen auf das innere Gleichgewicht aus und hilft, Stress zu vermeiden und auch abzubauen. Das wiederum wirkt sich positiv auf die Gesundheit und das Wohlbefinden aus und das gilt nicht nur für unsere Kinder!
Lassen Sie sich doch öfter mal durch gemeinsames Spielen von der Spontaneität und der Lebensfreude Ihres Kindes anstecken! Spielen tut nämlich auch Eltern gut!
Lassen Sie sich darauf ein, selbst nochmal Kind zu sein und Sie werden merken, dass auch Sie sehr schnell das trübe Regenwetter draußen vergessen!

Ich hoffe ich konnte Ihnen neue Ideen für die Freizeitgestaltung mit auf den Weg geben und freue mich darauf Ihnen bald die 21 kreativen Spielideen für draußen vorzustellen! Aber dafür muss erst wieder die Sonne rauskommen!

Ich wünsche Ihnen mit Ihren Kindern viel Spaß!

Herzlichst Ihre
Britta Kohl

Bonus 1

Die Löffel-Geschichte

Der Sonntagsausflug

Es war einmal eine Familie, die hieß Familie Löffel. Eines Tages wollte die Familie einen Ausflug machen. Alle haben sich schick angezogen, nur der kleine Paul hatte gar keine Lust dazu. „Zieh dich bitte an Paul, sonst zieh ich Dir die Löffel lang", schimpfte Papa. Paul zog sich an, denn er wollte nicht die Löffel langgezogen bekommen. Familie Löffel machte sich auf den Weg in die Stadt. Sie schlenderten am großen Brunnen vorbei und entdeckten eine Eisdiele. „Oh Ja, ich möchte ein Eis!" Oma Löffel fand die Idee auch prima. Also gingen sie hinein, machten es sich am großen runden Tisch gemütlich und konnten es kaum erwarten ihr Eis zu löffeln. Danach machten sie sich fröhlich auf den Weg in den Park. Familie Löffel legte sich auf die große Wiese und beobachtete das kleine Häschen, was im Gras saß und seine Löffelohren spitzte. Paul lief los und wollte es fangen, aber das Häschen hoppelte rasch davon. Den Rest des Tages ließen sie sich die Sonne auf den Bauch scheinen und genossen den gemeinsamen Ausflug. Am Abend machte sich Familie Löffel auf den Weg nach Hause. Als Paul im Bett lag, sagte er zu Papa: „Das war ein toller Tag! Und nächstes Mal ziehe ich mich direkt an, dann brauchst du mir nicht meine Löffel langziehen!“ Papa lachte und sagte nur: „Das will ich auch hoffen Herr Löffel!“

Bonus 2

Gratis Download: Die Schnitzeljagd

Das allerbeste zum Schluss: Die Schnitzeljagd! Ein großer Spaß für Klein und Groß.

Im ***Downloadbereich*** auf meiner Homepage www.mini-reich.de finden Sie eine Spielanleitung inklusive aller Vorlagen und können direkt loslegen – falls es mal schnell gehen muss!

Es hat Ihnen gefallen…?

Dann freue ich mich, wenn Sie mir schreiben. Vielleicht waren Sie auch kreativ und haben sich weitere Spiele überlegt?
Alle Ideen und Geschichten rund ums Spielen bei schlechtem Wetter finden dann im nächsten Buch ihren Platz – wenn Sie wollen. Das Buch ist für jede Tippgeberin und jeden Tippgeber selbstverständlich gratis!

Ich freue mich über Ihre Nachricht an britta@mini-reich.de

Oder besuchen Sie meine Homepage: www.mini-reich.de

Natürlich freue ich mich auch riesig, wenn Sie mir eine liebe Rezension schreiben – vielen Dank *****

Von mir gibt es noch mehr…

Starke Kinder!

17 effektive Wege wie Sie das Selbstbewusstsein Ihres Kindes stärken

Starke Eltern – starke Kinder ist das Motto, was vielen Eltern auf Ihrem Erziehungsweg begegnet. Aber was genau bedeutet das?

Sicherlich verbinden Sie mit starken Kindern Ehrgeiz, Willenskraft und Mut. Aber dazu gehört noch viel mehr. In diesem Buch finden Sie verschiedene Tipps und Methoden, wie Sie Ihre Kleinsten stärken und Ihnen spielerisch zeigen, dass man keine Angst haben muss sich in der großen Welt da draußen durchzusetzen. Freuen Sie sich auf 17 effektive Wege um das Selbstbewusstsein Ihrer Kleinsten zu steigern und sie somit zu kleinen starken Persönlichkeiten zu erziehen.

Die kreative Lunchbox
21 Tipps und Tricks, wie die Vesperbox leer gegessen wird!

Kennen Sie das auch? Ihr Kind kommt vom Kindergarten oder von der Schule nach Hause und die Lunchbox wurde nicht mal angerührt? Aus dieser Erfahrung heraus entstand der Ratgeber.

Hier finden Sie

- wissenswerte Informationen rund ums Essen bei Kindern und
- einfache Tipps und Tricks, die die Lunchbox zum Highlight bei Ihren Kindern machen.

Zudem erwartet Sie wie immer Bonusmaterial!

Yoga und Meditation für Kinder

17 kurze und einfache Übungen

Jeder von Ihnen kennt es sicherlich.
Die Kleinen rennen den ganzen Tag umher, schreien, toben und ärgern sich und es ist einfach nur laut.
Eine Pause einlegen? Kommt gar nicht in Frage!
Doch auch Kinder brauchen einmal Ruhe.
In diesem Ratgeber finden Sie Wissenswertes zum Thema Yoga und Meditation für Kinder, geschmückt mit einfachen und kurzen Übungen, sowie Methoden, um endlich mal wieder etwas Ruhe einkehren zu lassen.
Wie sagt man so schön? „In der Ruhe liegt die Kraft!“
Ich wünsche Ihnen viele schöne Momente mit diesem Buch und hoffe, dass Sie entspannt die Zeit gemeinsam mit Ihren Kindern genießen können.

Tschüss Frühstücksmuffel!
11 Tipps und Tricks wie Ihre Kinder wieder gerne frühstücken

Noch schlaftrunken und halb träumend sitzen die Kinder lustlos am Frühstückstisch und würden sich eigentlich viel lieber wieder unter die warme Decke ins Bett kuscheln. Das Frühstück rühren Sie nicht an und die morgendliche Diskussion nimmt Ihren Lauf. Sie selbst sind in Eile, da Sie selbst zur Arbeit müssen und die Kinder rechtzeitig in den Kindergarten oder in die Schule bringen müssen. Ein Szenario, das wahrscheinlich vielen bekannt vorkommt.

In diesem Buch erfahren Sie 11 Tipps und Tricks, wie Sie Ihre Kinder wieder zum Frühstück motivieren. Ihre Kleinen werden morgens begeistert und erwartungsvoll zum Frühstück kommen.

Achtsamkeit für Kinder

Welche Familie kennt es nicht?
Manchmal geht es zu Hause drunter und drüber. Sie sind gestresst und übertragen dies auf die Kinder. Erwachsene wissen was dann zutun ist: Abschalten, runter kommen und erholen.

Aber was ist mit den Kleinsten?
Die schaffen es noch nicht alleine Momente der Ruhe und Entspannung für sich zu schaffen.
Aber Sie als Eltern können auch Ihren Kindern das Thema Entspannen und Achtsamkeit näher bringen!
Und meist helfen diese Einheiten nicht nur den Kleinsten, sondern auch den Eltern.

Impressum

1. Auflage

Kontakt: Bianca Kafarnik, Thekla-Trück-Str. 7, 76456 Kuppenheim

Covergestaltung: Britta Kohl
Coverfoto: depositphotos.com

Printed in Poland
by Amazon Fulfillment
Poland Sp. z o.o., Wrocław

94136672R00033